Jens Jacobsen

KEINE NOT MIT NOTEN

Ein neuer Weg zum Notenlernen in der Schule

Lieder und Tänze zum Mitsingen, Mitspielen und Mittanzen

ED 7363

SCHOTT

Mainz · London · New York · Tokyo

Keine Not mit Noten
besteht aus:

Lehrerhandbuch: Bestell-Nr. ED 7707 oder wahlweise
Lehrerhandbuch mit MusiCassette: Bestell-Nr. ED 7707-10
Schülerheft: Bestell-Nr. ED 7363

Bestell-Nr. ED 7363

© B. Schott's Söhne, Mainz, 1987
Gesamtgestaltung und Layout: H. J. Kropp
Printed in Germany · BSS 45 865
ISBN 3-7957-2367-1

Inhalt

Vorwort

Wenn wir tanzen, wenn wir singen oder wenn wir auf Instrumenten spielen, dann sind wir unmittelbar mit Musik umgeben und von ihr erfaßt.

Dieses Buch möchte dich einladen: MACH MIT![1]

Es führt dich in den Bereich der modernen Tanzmusik ein. Du lernst die Gesellschaftstänze Foxtrott, Cha-Cha-Cha, Jive und Samba kennen und unterscheiden. Selbstverständlich wird es kein Tanzkursus sein, wie du ihn in einer Tanzschule angeboten bekommst. Aber es wird dir Spaß machen, dich im Schwung der Tanzmusik zu bewegen – in der einfachen Form von Grundschritten – ohne Tanzhaltung mit einem Partner, so frei wie du kannst und magst: TANZ MIT!

Alle Tänze sind zugleich auch Lieder; Lieder, die sich in ihren Texten auf unsere heutige Zeit beziehen. Sie erzählen von Jim, dem Drummer in der Kinderband, von der Bingo-Klassenband, von Rudi mit seinem roten Rennrad, von der Bücherboogieleseratte, vom Supermarkt, vom Herbst und dem Winter und von einer Spukgeschichte.

Ein Kinderchor singt diese Lieder. Aber auch du kannst mitsingen, nämlich dann, wenn die Begleitmusik noch einmal ohne Kinderchorstimmen erklingt: SING MIT!

Willst du auf Instrumenten spielen, dann geht es oft nicht so einfach. Du mußt erst lernen, mit dem Instrument umzugehen und wie man Noten liest, damit sie gesungen oder gespielt werden können.

Doch hier spielen Instrumente für dich, und du kannst dich mit deinem Instrument und mit einer einfachen Begleitmelodie beteiligen: SPIEL MIT!

Dabei kannst du die Noten „spielend" erlernen. Immer, wenn eine Begleitung erarbeitet wird, erhältst du Informationen aus der Notenlehre und kannst eigenes Notenschreiben üben. Deswegen haben wir für unser Buch auch den Titel gewählt:

Jens Jacobsen

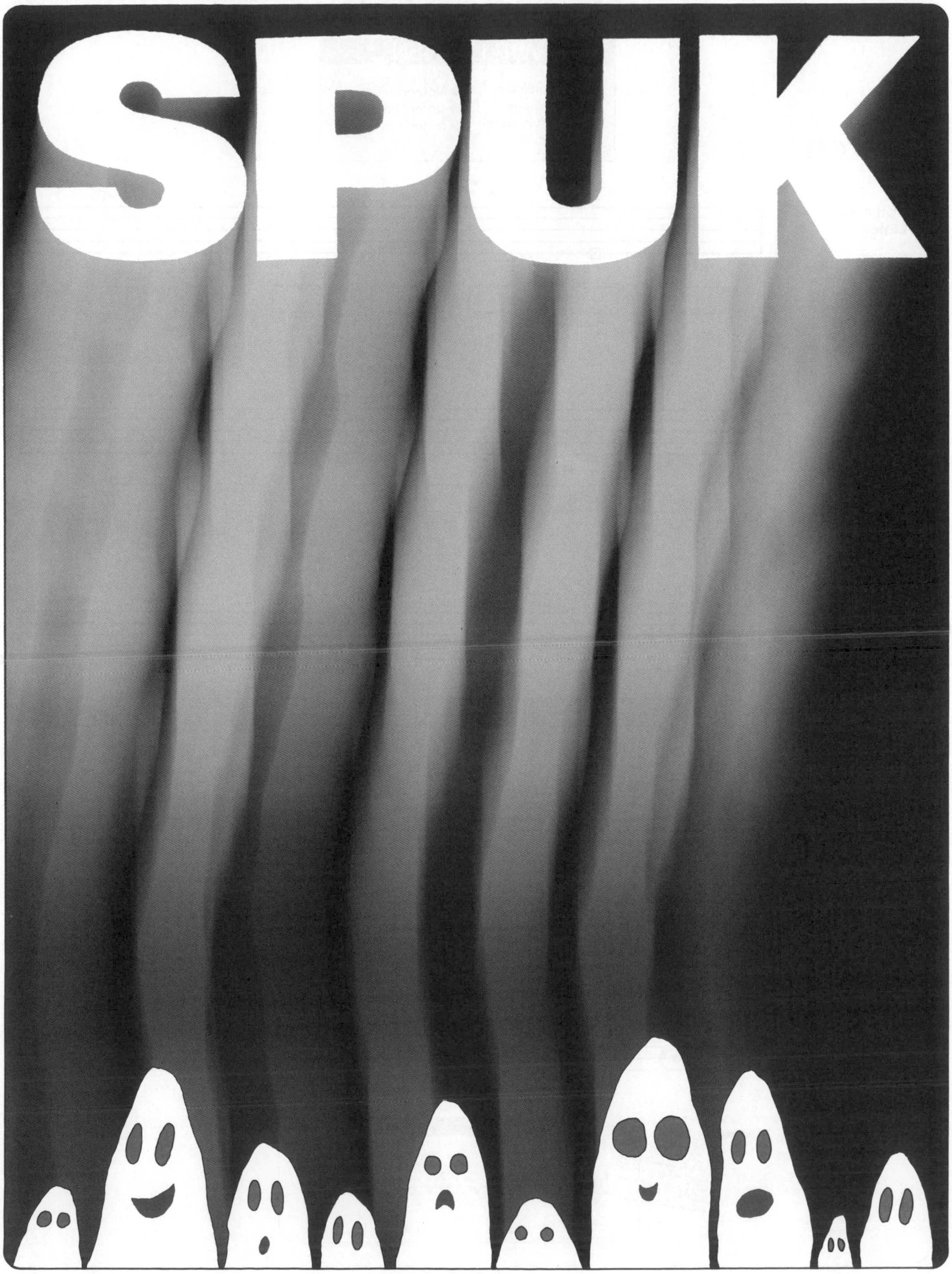
SPUK

Noten

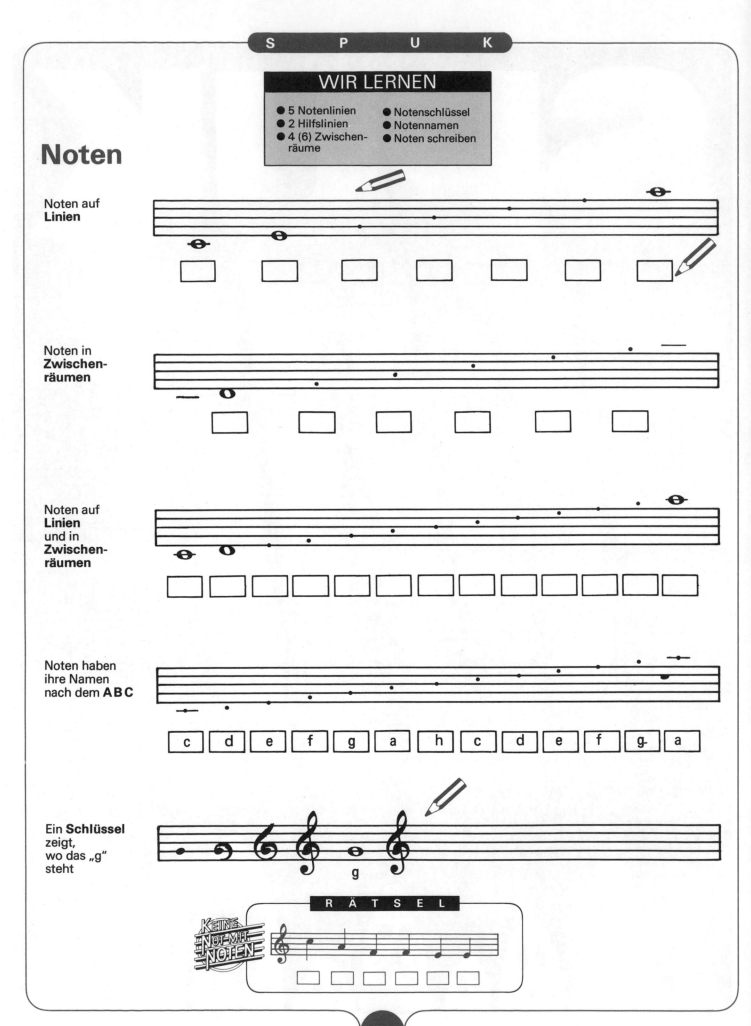

WIR LERNEN

- 5 Notenlinien
- 2 Hilfslinien
- 4 (6) Zwischen-räume
- Notenschlüssel
- Notennamen
- Noten schreiben

Noten auf **Linien**

Noten in **Zwischen-räumen**

Noten auf **Linien** und in **Zwischen-räumen**

Noten haben ihre Namen nach dem **A B C**

| c | d | e | f | g | a | h | c | d | e | f | g | a |

Ein **Schlüssel** zeigt, wo das „g" steht

g

R Ä T S E L

KEINE NOT MIT NOTEN

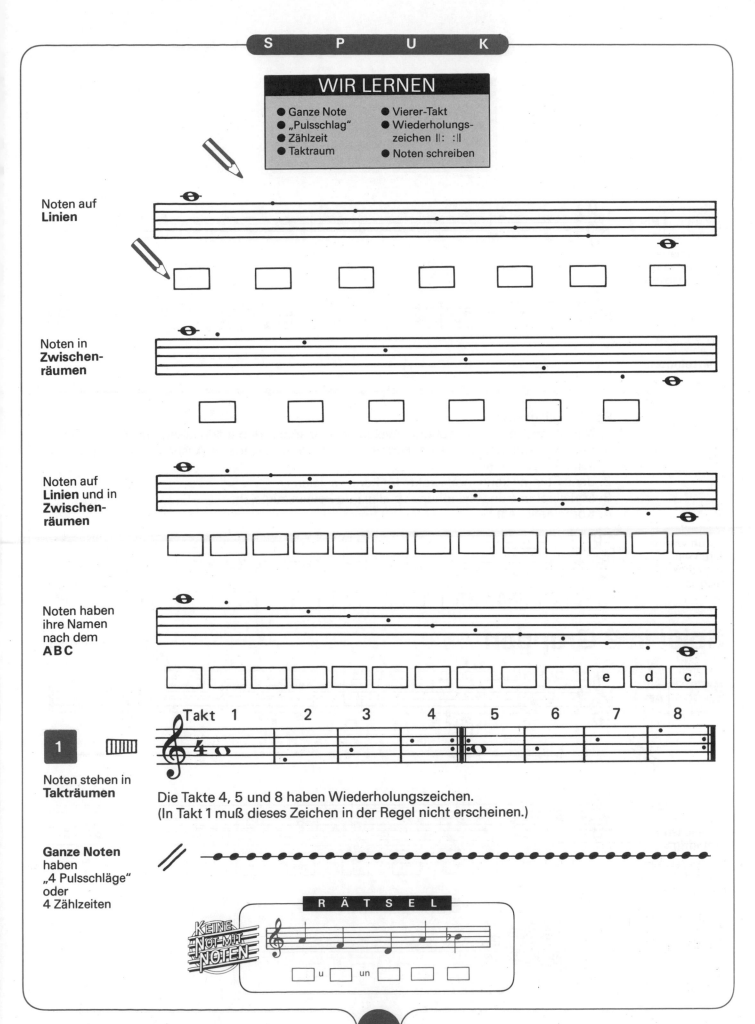

WIR LERNEN

- Ganze Note
- „Pulsschlag"
- Zählzeit
- Taktraum
- Vierer-Takt
- Wiederholungs-
  zeichen ‖: :‖
- Noten schreiben

Noten auf Linien

Noten in Zwischenräumen

Noten auf Linien und in Zwischenräumen

Noten haben ihre Namen nach dem ABC

| | | | | | | | | | e | d | c |

1

Noten stehen in Takträumen

Takt 1 2 3 4 5 6 7 8

Die Takte 4, 5 und 8 haben Wiederholungszeichen.
(In Takt 1 muß dieses Zeichen in der Regel nicht erscheinen.)

Ganze Noten haben „4 Pulsschläge" oder 4 Zählzeiten

RÄTSEL

| | u | | un | | | |

7

WIR LERNEN

- Halbe Noten
- Viertelnoten
- ♯, ♭, ♮
- Erhöhung und
- Erniedrigung von Tönen
- Auflösungen
- Notennamen
- Fermate

2 MET

Noten dauern 2 Zählzeiten: **Halbe Noten**

Noten dauern 1 Zählzeit: **Viertelnoten**

Spielmöglichkeiten:
1. Metallophone und Xylophone spielen nacheinander, dabei schließen die Metallophone bei ⌢. Dieses Zeichen heißt „Fermate" und bedeutet: längeres Aushalten des Tones über seinen „Wert" hinaus.
2. Jede Stimme kann ihre 4 Takte im Kanon spielen.
3. Metallophone und Xylophone spielen ihre Reihen zugleich.
4. Kombinationen!

Noten werden durch ein Vorzeichen ♯ **erhöht**

| c | cis | d | | f | | g | | a | |

Spiel in 2 Gruppen

(s. Erklärung S. 10)

3 MET

Gr.1 1   Gr.2 2   3   4   5   6

Noten werden durch ein Vorzeichen ♭ **erniedrigt.**

Ein ♮ -Zeichen macht Erhöhung oder Erniedrigung rückgängig. Es heißt deshalb „Auflöser".

| h | b | a | as | g | ges | e | es | d | des |

R Ä T S E L

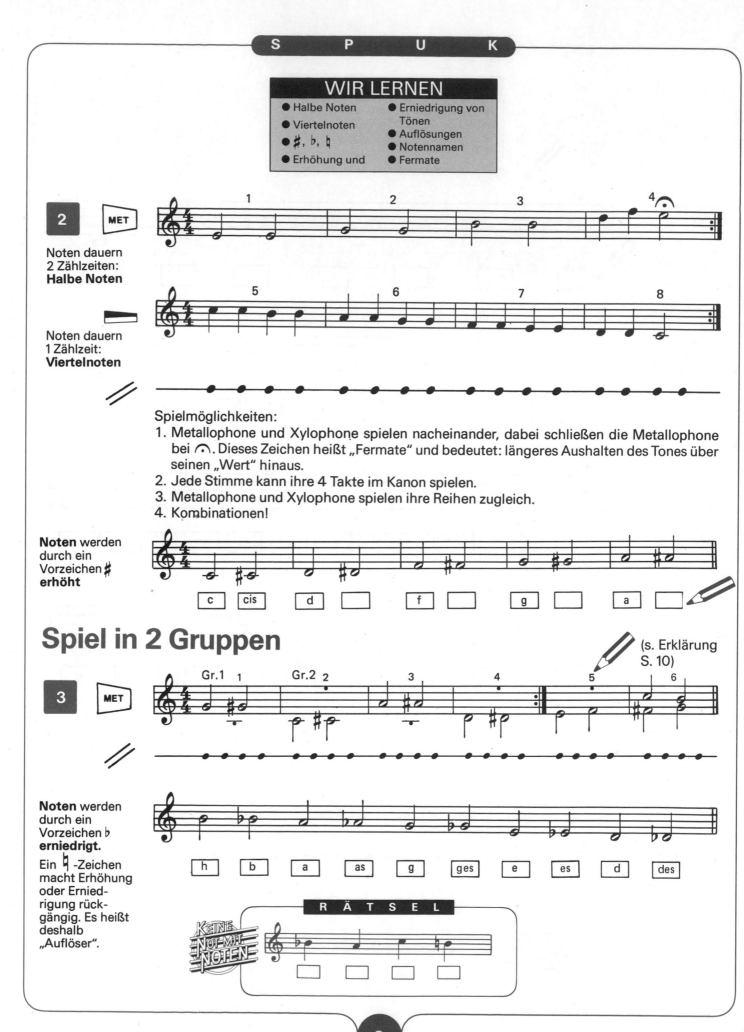

Wir erfinden eine Spukgeschichte....

Um Mitternacht ist es unheimlich! Überall hörst du Geräusche und Klänge ...

Sprecher: **Zeichne Klänge und Geräusche auf:**

1. Nächtens schleicht's durch Haus und Garten,

    hinter Schatten Geister warten.

    Mondlicht erlischt – irgendwas zischt –

    schrilles Gelächter die Stille durchbricht.

2. Nebel wallen um die Bäume,

    grausig hallt's durch alle Räume.

    Knarrt da ein Tor? Wer kommt hervor?

    Nichts ist zu sehen, nur Stimmen im Chor.

3. Schatten huschen über Wände,

    zittrig grapschen Knochenhände.

    Eiskalter Hauch – bläulicher Rauch –

    niemand ist Zeuge, das Käuzchen schreit auch.

4. Schaudernd feuchte Hände reibend,

    tief im Sessel sitzen bleibend,

    kostest du's aus, herrlicher Graus!

    Null Uhr und fünfzehn, das Fernseh'n ist aus!

R Ä T S E L

WIR LERNEN

- Das Lied singen
- Begleiten
- Noten und Pausen schreiben

Text: B. Bos/A. Wriedt
Musik: Joop Stokkermans

Lied:

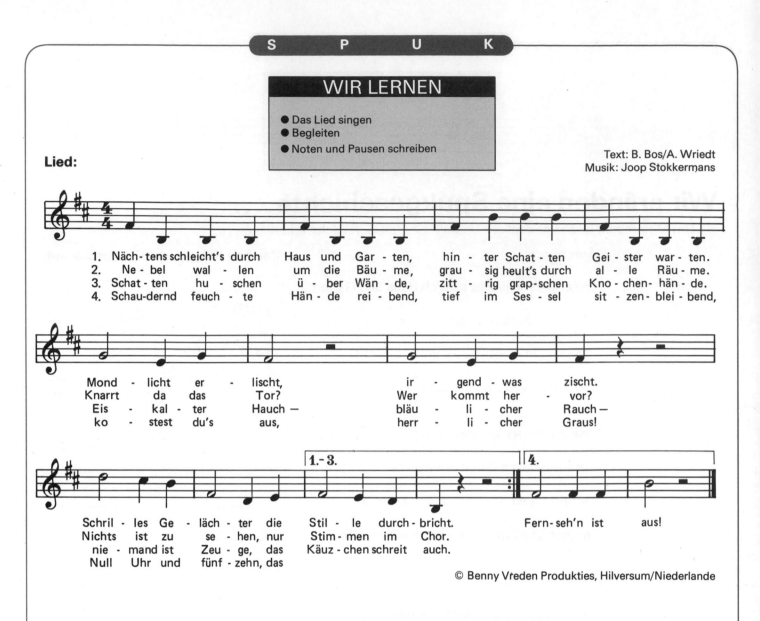

1. Näch- tens schleicht's durch Haus und Gar- ten, hin- ter Schat- ten Gei- ster war- ten.
2. Ne- bel wal- len um die Bäu- me, grau- sig heult's durch al- le Räu- me.
3. Schat- ten hu- schen ü- ber Wän- de, zitt- rig grap-schen Kno-chen- hän- de.
4. Schau-dernd feuch- te Hän- de rei- bend, tief im Ses- sel sit- zen-blei- bend,

Mond- licht er- lischt, ir- gend- was zischt.
Knarrt da das Tor? Wer kommt her- vor?
Eis- kal- ter Hauch — bläu- li- cher Rauch —
ko- stest du's aus, herr- li- cher Graus!

1.- 3. **4.**

Schril- les Ge- läch- ter die Stil- le durch-bricht. Fern-seh'n ist aus!
Nichts ist zu se- hen, nur Stim- men im Chor.
nie- mand ist Zeu- ge, das Käuz- chen schreit auch.
Null Uhr und fünf- zehn, das

© Benny Vreden Produkties, Hilversum/Niederlande

An der Notation des Liedes kannst du Verschiedenes erkennen:

1. Die Vorzeichen erscheinen vorne beim Notenschlüssel, nicht mehr direkt vor der Note. Welche Töne sind in dem Lied erhöht? Wieviele Töne sind davon betroffen?
2. Das Zeichen ⁴⁄₄ sagt dir, daß jeder Takt vier Viertelzählzeiten hat. Prüfe das nach!
3. Manchmal stehen anstelle der Noten Pausenzeichen: für ♩ ein , für ♩ ein , für ○ ein . Trage die -Pausen beim Übungsstück 3 auf Seite 8 ein: Wenn Gruppe 1 spielt, hat Gruppe 2 Pause und umgekehrt. (Im 6. Takt spielen beide Gruppen gemeinsam.)
4. Kannst du dir vorstellen, warum das Lied nur 12 Takte hat und nicht 14, und was die Klammern 1. – 3. und 4. bedeuten?

Begleitmelodie:

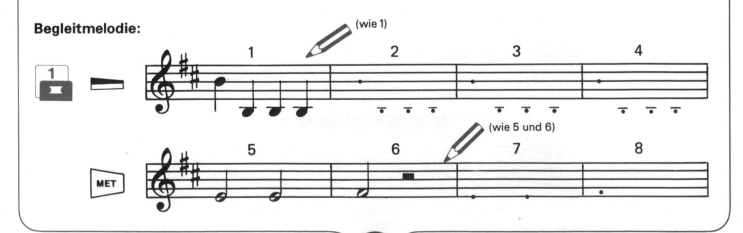

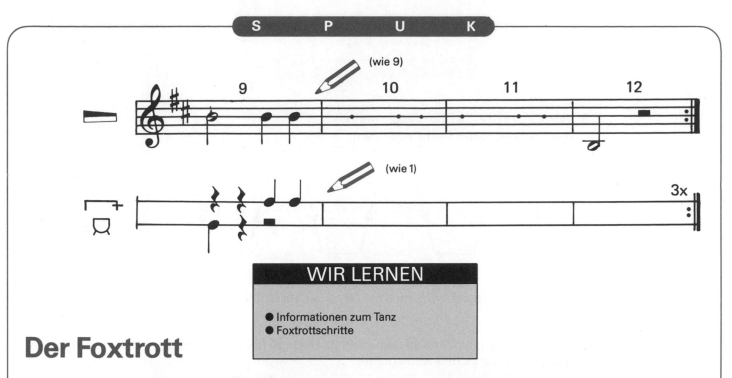

WIR LERNEN

- Informationen zum Tanz
- Foxtrottschritte

Der Foxtrott

Das Spuklied wird von den Instrumenten in der Art eines Foxtrotts begleitet. Der Name Foxtrott kommt aus der englischen Sprache und bedeutet „Fuchsgang". Wie sieht so ein Fuchsgang aus? Der Jäger bezeichnet das Gehen des Fuchses als „Schnüren". Im Schnee würden die Spuren der Pfoten wie auf einer geraden Linie zusammengefaßt erscheinen. Dieser Gang hat etwas Schleichendes an sich, was auch bei der Tanzbewegung spürbar wird.

Der Foxtrott ist etwa um 1917 aus Amerika über England nach Europa gekommen und hat sich hier schnell-verbreitet. Er ist ein schneller Tanz. In England hat sich sogar ein noch schnellerer Foxtrott, der Quickstep, entwickelt. Es gibt aber auch einen langsamen Tanz dieser Art, den Slow-Fox. Der Foxtrott gehört zu den sogenannten „Standardtänzen", die bei Tanzturnieren vorgeschrieben sind.

Unsere Bewegungen:

1. Wir setzen Fuß vor Fuß, beginnen mit dem linken und bewegen uns zur Musik durch den Raum. Die Arme pendeln locker am Körper hin und her.
2. Wir bewegen uns im Raum seitwärts nach links. Dabei tanzen wir den Foxtrottgrundschritt:

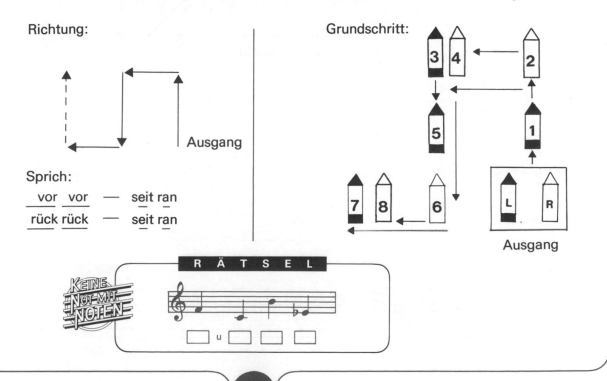

Richtung:

Ausgang

Sprich:

| vor | vor | — | seit ran |
| rück | rück | — | seit ran |

Grundschritt:

Ausgang

3. Wir können die Richtung auch während
   des Grundschrittes leicht verändern:

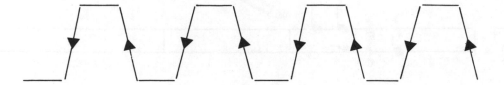

Während der „Seit-ran"-Schritte wird eine leichte Drehung vorgenommen.

4. Du kannst auch tanzend an deinem Platz bleiben. Dann mußt du bei der Rückwärtsbewe-
   gung nach rechts rückwärts gehen.

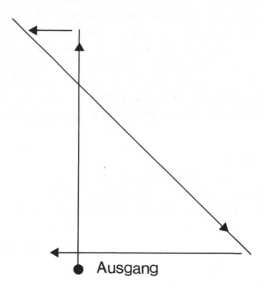

● Ausgang

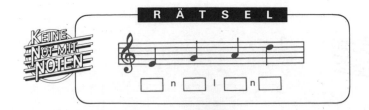

Das
rote
Rennrad

WIR LERNEN

- Tonleiter C-Dur
- Tonleiterstufen
- Achtelnoten
- Klaviertastatur

Eine Tonleiter

Eine Reihe von Tönen nennen wir Tonleiter. Die Tonleiter von c bis c ohne einen erhöhten oder erniedrigten Ton heißt C-Dur. Sie hat 8 Stufen, wobei die letzte Stufe wieder das c ist, das um eine Oktave höher liegt als das c der ersten Stufe.

C-Dur

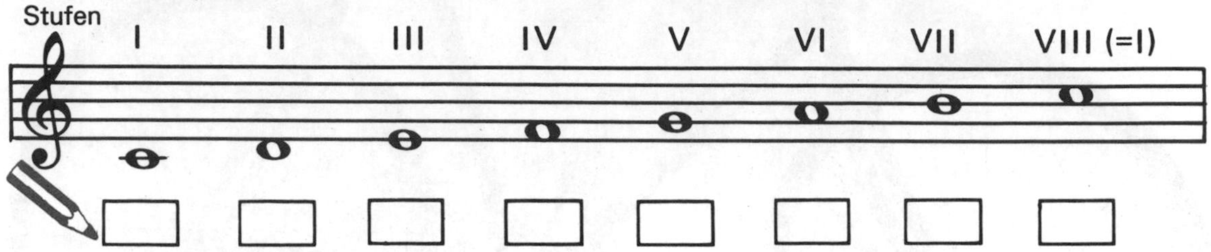

Stufen
I
II
III
IV
V
VI
VII
VIII (=I)

Halbe Noten
(Achtung: bei h und allen Tönen, die höher liegen, ist der Notenhals nach unten gerichtet!)

(!)

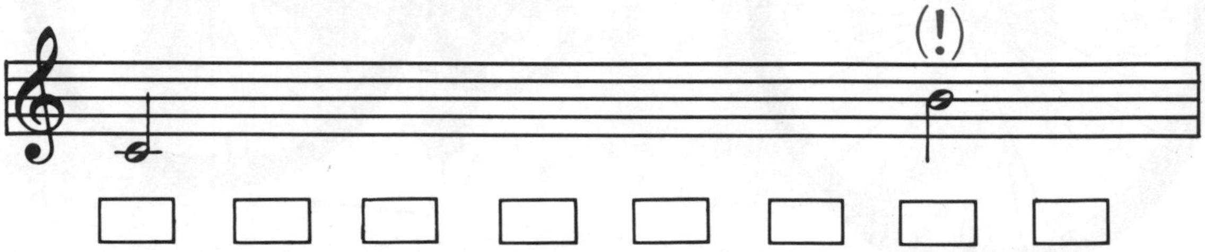

Viertelnoten

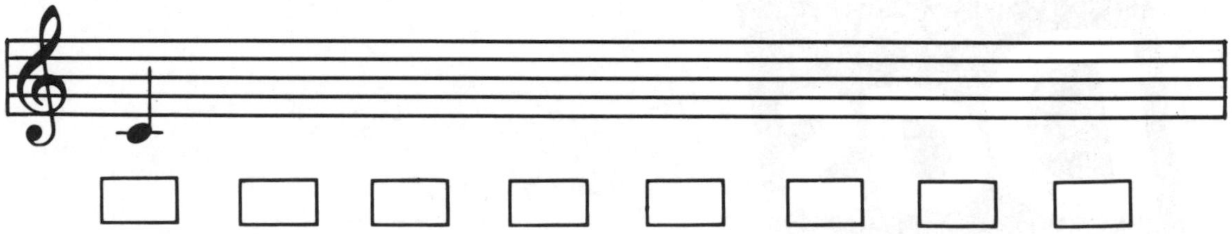

Achtelnoten

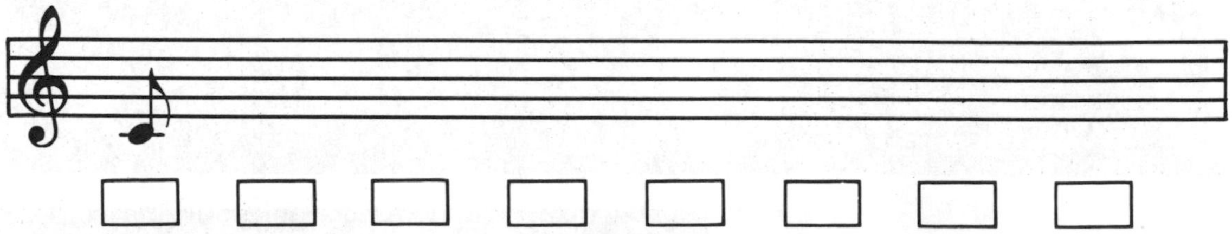

Klaviertastatur

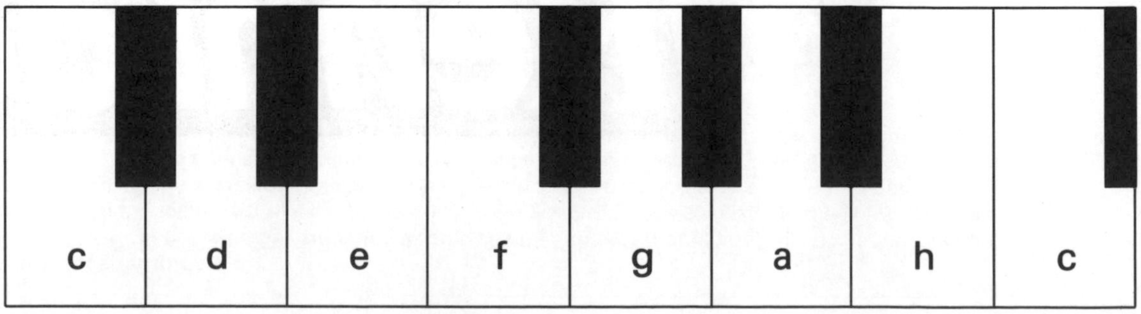

c
d
e
f
g
a
h
c

Stufenaufbau der C-Dur-Tonleiter

Wir stellen uns eine Reihe von Klangstäben aus dem Orff-Instrumentarium vor. Die Stäbe sind hier gezeichnet, als ob sie Klaviertasten wären.

Du erkennst: Die Stufen 3 und 4, 7 und 8 liegen nur 1/2 Schritt voneinander entfernt, alle anderen Stufen einen ganzen Tonschritt.

Klebe nun den Strukturkamm der Dur-Tonleiter, den der Lehrer nach seiner Vorlage für dich kopiert hat, auf ein Stück Pappe und schneide ihn aus. Wenn du die 1. Stufe auf das c legst, paßt der Kamm genau auf die weißen Tasten. Er zeigt dir, welche Struktur (= Aufbau) die Tonleiter in C-Dur hat. Das gleiche kannst du auch mit den Strukturkämmen anderer Tonleitern probieren (s. S. 43).

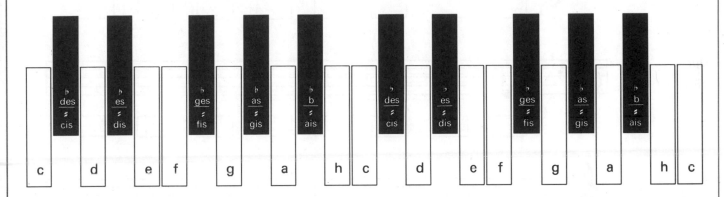

Strukturkamm Dur-Tonleiter:

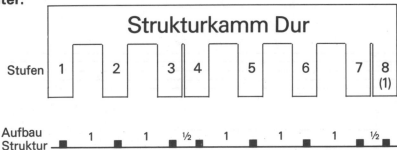

Mit dem Strukturkamm kannst du auch andere Dur-Tonleitern ablesen.

Ein Klangspiel

13 Klingende Stäbe von c' – c'' werden in der Klasse verteilt. Ein Schüler mit einem Stab mittlerer Tonhöhe tritt vor die Klasse. Ein 2. Schüler kommt nach vorn und „unterhält" sich mit dem 1. Schüler auf seinem Klangstab. Die Aufgabe lautet: sich rechts neben den 1. Schüler zu stellen, wenn der Ton höher ist, aber links, wenn er tiefer ist (aus der Sicht der Klasse). So ordnen sich alle 13 Schüler mit ihren Klangstäben nach und nach ein. Es ist **eine Reihe aus lauter halben Tonschritten** entstanden:

die chromatische Tonleiter.

WIR LERNEN

- Transponieren der Dur-Tonleiter
- Tonleiter aufschreiben

Die Dur-Tonleiter auf anderen Tasten

Den Strukturkamm kannst du mit der 1. Stufe statt auf die c-Taste auch auf andere weiße Tasten legen. Du erhältst dann neue Tonleitern, die alle den Dur-Aufbau haben. Schreibe sie auf und trage die Vorzeichen vorne beim Notenschlüssel ein.

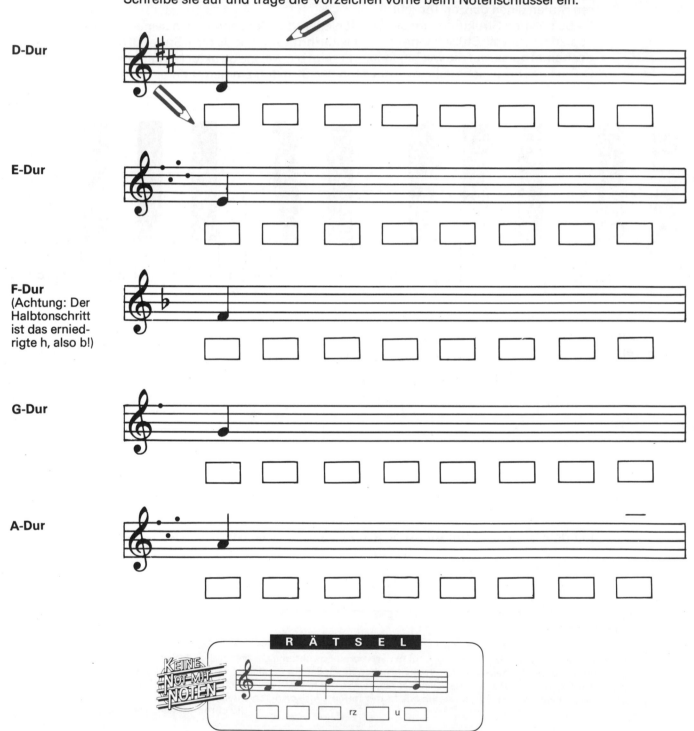

D-Dur

E-Dur

F-Dur
(Achtung: Der Halbtonschritt ist das erniedrigte h, also b!)

G-Dur

A-Dur

RÄTSEL

H-Dur

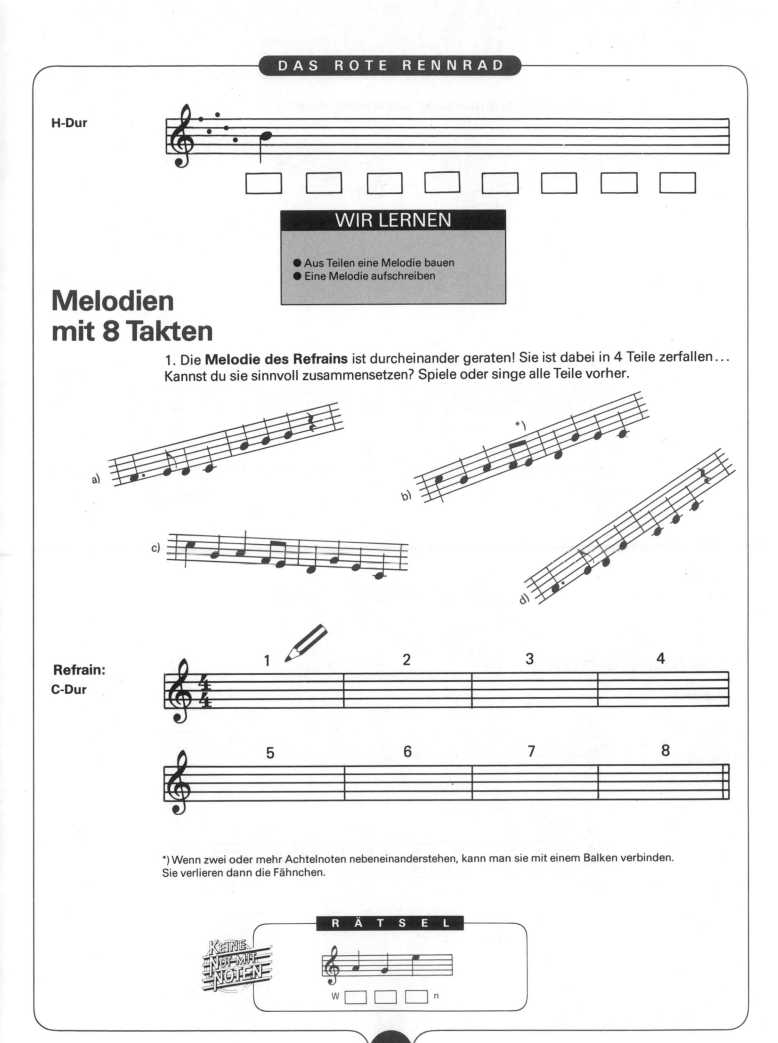

WIR LERNEN

● Aus Teilen eine Melodie bauen
● Eine Melodie aufschreiben

Melodien
mit 8 Takten

1. Die **Melodie des Refrains** ist durcheinander geraten! Sie ist dabei in 4 Teile zerfallen…
Kannst du sie sinnvoll zusammensetzen? Spiele oder singe alle Teile vorher.

a)

b) *)

c)

d)

Refrain:
C-Dur

1   2   3   4

5   6   7   8

*) Wenn zwei oder mehr Achtelnoten nebeneinanderstehen, kann man sie mit einem Balken verbinden.
Sie verlieren dann die Fähnchen.

RÄTSEL

KEINE NOT MIT NOTEN

W ☐ ☐ ☐ n

2. Auch die **Begleitmelodie** ist auseinandergefallen!

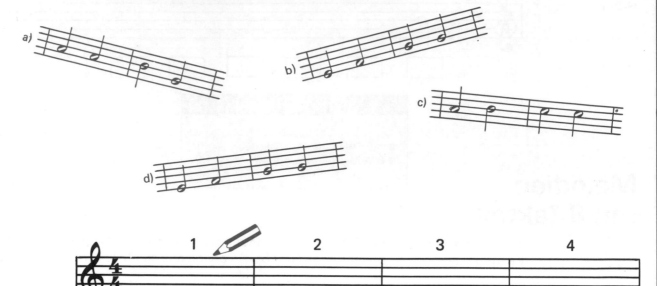

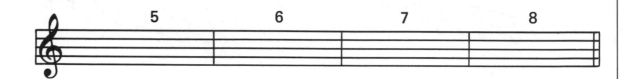

WIR LERNEN

- Die Liedbegleitung zum „Roten Rennrad"
- Noten schreiben

Liedbegleitung

Refrain:

(wie 1 und 2)

Baßinstrumente 2.

Schlagzeug 3.

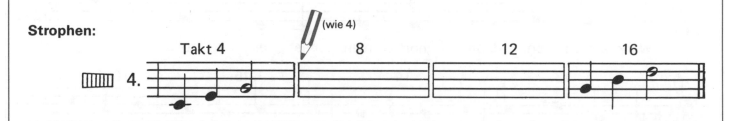

(mit linker Hand gedämpft)

Strophen:

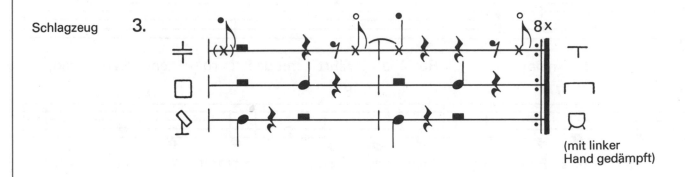

RÄTSEL

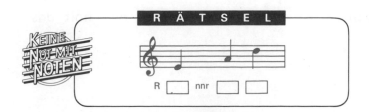

R [ ] nnr [ ] [ ]

WIR LERNEN

● Das Lied singen
● Das Lied begleiten
● Zum Lied tanzen (Foxtrott)

Text: J. de Beer/A. Wriedt
Musik: Jan de Beer

Refrain:

Strophen:

1. Fragt man Ru - di,   sag, hast du ein   Au - to   o - der   was?
2. Wenn der Ru - di   mor - gens durch ver - stopf - te   Stra - ßen   flitzt,

Sagt er oh - ne   Zö - gern, wie er   sich ent - schlos - sen   hat:
weiß er,   daß er   im - mer auf dem   richt' - gen Damp - fer   sitzt.

,,Im - mer wie - der   tan - ken, ist   das   nicht ganz furcht - bar   dumm?
,,Wa - gen mit vier   Rä - dern steh'n in   lan - gem Stau - e   still.   Nur

D.C.

Ko - sten oh - ne   Schran - ken für 'nen   Sitz   mit Blech drum - rum.''
ich mit mei - nem   Renn - rad fahr so   schnell wie ich   nur   will.''

Das ist neu:
D.C. = Da Capo = von vorne
Fine = Ende

RÄTSEL

Wenn es Herbst ist

Metrum und Takt

WIR LERNEN
- Metrum
- Zählschlag
- Metronom
- Tempobezeichnungen
- 4/4-Takt
- betonte – unbetonte Zählzeiten

Lieder haben meistens einen durchgehend gleichmäßigen Zählschlag. Man kann diesen Schlag mit dem Pulsschlag des menschlichen Körpers vergleichen. Der Zählschlag kann unterschiedlich sein:

schnell

langsam

mittelschnell

Auf dem Metronom findest du Bezeichnungen für die Schnelligkeit der Pulsschläge. Schreib dir diese Bezeichnungen auf und füge die Zahl der Schläge in der Minute hinzu:

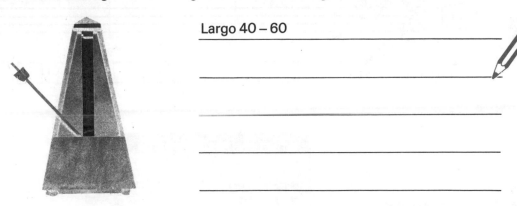

Largo 40 – 60

Aus dem gleichmäßigen Zählschlag wollen wir einen Takt entstehen lassen:

4

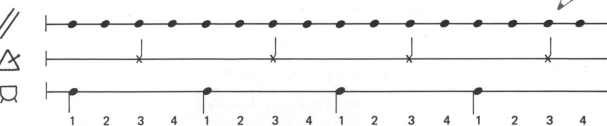

1 2 3 4 1 2 3 4 1 2 3 4 1 2 3 4

Ergänze die ausführliche Darstellung mit Taktstrichen und Pausenzeichen:

RÄTSEL

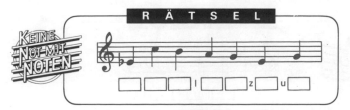

| | | | I | | z | | u | |

Für das Spiel eignet sich besser eine kurze Notierung:

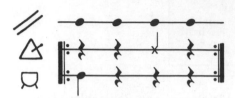

Während des Spielens wirst du bald erkennen:
– die Zählzeit 1 ist betont (Pauke),
– die Zählzeit 2 ist unbetont,
– die Zählzeit 3 ist nebenbetont (Triangel),
– die Zählzeit 4 ist unbetont.

Das Lied „Alle bunten Blätter tanzen" ist in D-Dur komponiert. Schreib dir mit Hilfe des Struk-turkammes die Tonleiter heraus und spiele mit den Claves auf Stabspielen aufwärts und abwärts die Tonreihe.

5

oder Metronom

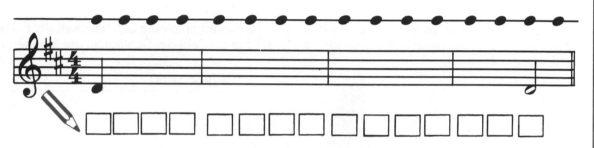

WIR LERNEN

● Notenwerte
● Synkopen

Notenwerte

Die verschiedenen Notenwerte, die du bisher kennengelernt hast, fassen wir in einer Pyramide zusammen:

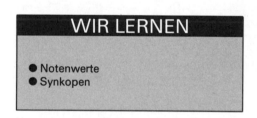

RÄTSEL

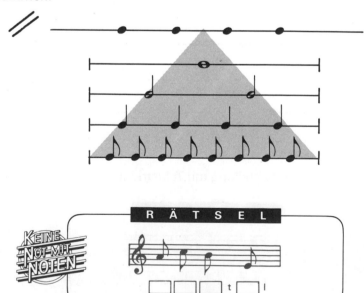

6

Dieses Spiel kann auch im Kanon gespielt werden, wobei die hinzukommenden Instrumente sich andere Töne suchen.

Eine Synkope

Das Herbstlied kannst du als Foxtrott tanzen. Übrigens: Foxtrottmusik erkennt man sehr gut an ihrem synkopischen Charakter. Wir wollen einmal die Synkope spielend kennenlernen:

7

Stabspiele

Beim Spiel betonen wir die 1 ein wenig. Im nächsten Beispiel ziehen wir die unbetonte Zählzeit 2 mit der nebenbetonten 3 zusammen zu einer Halben Note:

Blät - ter,   die   tan - zen, '   ja   Blät - ter,   die   tan - zen,   (ja)

Eine Synkope ist entstanden:

Nun eine Synkope auch in kleineren Notenwerten:

Blätter, die mun-ter   tan - zen,   ja   Blätter die mun-ter   tan - zen.

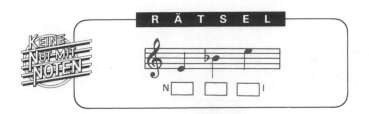

RÄTSEL

N ☐ ☐ ☐ I

WIR LERNEN

- Begleitformen zum Lied
- Pausenwerte und -zeichen

Refrain:

3 Strophen:

Schlagzeug:

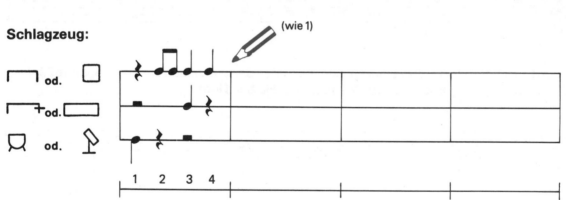

Pausenwerte und -zeichen:

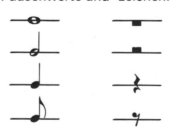

RÄTSEL

WIR LERNEN

● Das Lied singen
● Das Lied begleiten
● Noten schreiben
● Zum Lied tanzen (Foxtrott)

Text: L. Smulders/A. Wriedt
Musik: Lex v. Tuyl Sr.

Refrain:

4. x Fine

Strophen:

D.C.

Lied

Refrain: ✏️ (Lied 1 – 16)

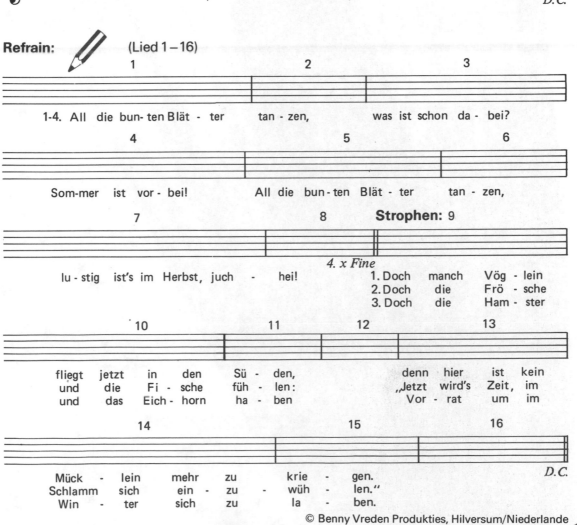

1-4. All die bun- ten Blät - ter tan - zen, was ist schon da - bei?

Som-mer ist vor - bei! All die bun - ten Blät - ter tan - zen,

4. x Fine

lu - stig ist's im Herbst, juch - hei!

1. Doch manch Vög - lein
2. Doch die Frö - sche
3. Doch die Ham - ster

fliegt jetzt in den Sü - den, denn hier ist kein
und die Fi - sche füh - len: „Jetzt wird's Zeit, im
und das Eich - horn ha - ben Vor - rat um im

D.C.

Mück - lein mehr zu krie - gen.
Schlamm sich ein - zu - wüh - len."
Win - ter sich zu la - ben.

UNSERE BAND

Spielformen

8 Jim, der Drummer, der macht's richtig, Mann, wie haut der rein!

– Wer spielt den Jim? Etwa 30 Sekunden sollen mit freiem Schlagzeugspiel ausgefüllt werden. Wer macht's am besten?

– Jim spielt in einer Gruppe; mal mit allen zugleich, mal als Solist.

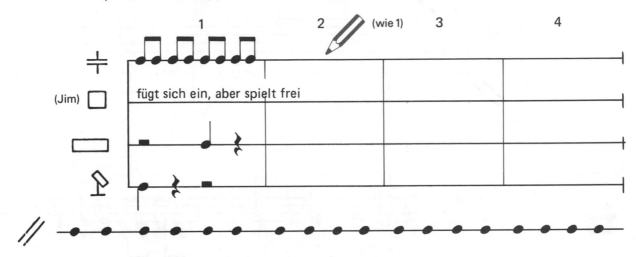

4 Takte spielen alle, wobei sich Jim einfügt,
4 Takte spielt Jim allein, völlig frei,
4 Takte gemeinsames Spiel usw.

9 Wir wiederholen spielend die Synkope und lernen den Offbeat kennen.

– Zum leisen Spiel der Schlagzeuggruppe sprechen alle anderen Schüler:

Text 1 (gleichmäßiges Sprechen)

Text 2 (Synkope)

Text 3 (Offbeat)

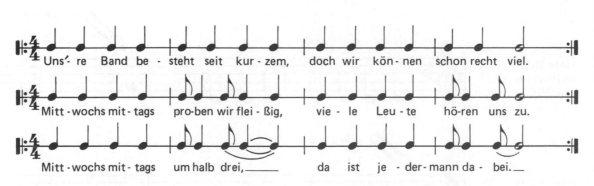

Uns're Band be - steht seit kur - zem, doch wir kön - nen schon recht viel.

Mitt - wochs mit - tags pro - ben wir flei - ßig, vie - le Leu - te hö - ren uns zu.

Mitt - wochs mit - tags um halb drei,____ da ist je - der - mann da - bei.__

Der etwas vorgezogene Ton – eine Idee früher als der normalerweise zu erwartende Schlag (Beat) – heißt: **Offbeat.**

RÄTSEL

□ u □ t □ □ □ n □

Begleitformen

Das Lied „Uns're Band" steht in F-Dur. Darum schreiben wir uns diese Tonleiter vorher auf:

F-Dur

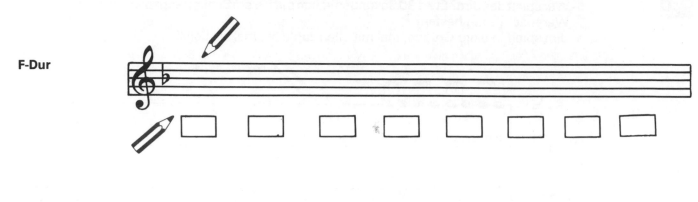

Refrain:

Takte 5 – 8 wie 1 – 4

(wie 1 – 3)

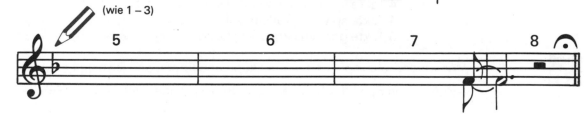

Takte 11/12 im Rhythmus wie 9/10

(auf f wie 9 und 10)

Takte 13/14 wie 9/10

(wie 9 und 10)

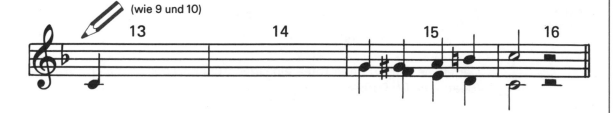

RÄTSEL

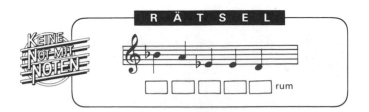

rum

WIR LERNEN

- Das Lied singen
- Das Lied mit Instrumenten begleiten
- Zum Lied tanzen (Foxtrott)

Text: F. Tiland/A. Wriedt
Musik: Frans Tiland

Strophen:

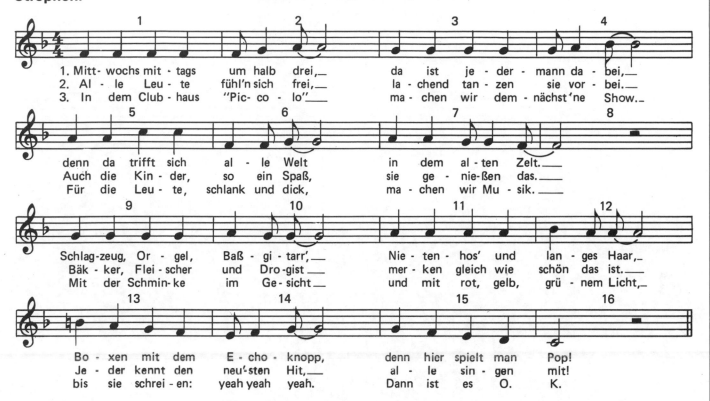

1. Mitt- wochs mit - tags   um halb drei,__   da ist je - der - mann da - bei,__
2. Al - le Leu - te   fühl'n sich frei,__   la - chend tan - zen   sie vor - bei.__
3. In dem Club - haus "Pic- co - lo"__   ma - chen wir dem - nächst'ne Show.__

denn da trifft sich   al - le Welt   in dem al - ten Zelt.__
Auch die Kin - der,   so ein Spaß,   sie ge - nie - ßen das.__
Für die Leu - te, schlank und dick,   ma - chen wir Mu - sik.__

Schlag-zeug, Or - gel,   Baß - gi - tarr',__   Nie - ten - hos' und   lan - ges Haar,__
Bäk - ker, Flei - scher   und Dro-gist__   mer - ken gleich wie   schön das ist.__
Mit der Schmin- ke   im Ge - sicht__   und mit rot, gelb,   grü - nem Licht,__

Bo - xen mit dem   E - cho - knopp,   denn hier spielt man   Pop!
Je - der kennt den   neu'-sten Hit,__   al - le sin - gen   mit!
bis sie schrei - en: yeah yeah yeah.   Dann ist es O.   K.

Refrain:

1.-3. Uns' - re Band die ist in Form,____   du-bi du-bi du - bi du.__

Ja, die Stim - mung ist e - norm,____   du-bi du-bi du - bi du!__

Jim, der Drum - mer, der macht's rich - tig, Mann, wie haut der rein!__

Er ruft: „Are you read - y boys?"   Und al - le stim - men   ein:

folgt nochmals
Refrain T. 1-8

WIR LERNEN

● Rhythmisches Motiv
● Noten schreiben

Cha Cha Cha

Ein rhythmisches Motiv:

Wir spielen es mit verschiedenen Instrumenten:

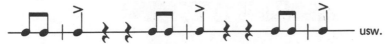

usw.

Diese kleine rhythmische Figur, die in regelmäßigen Abständen auftritt, hat einem modernen Gesellschaftstanz seinen Namen gegeben: dem **Cha Cha Cha.**

Die Musiker riefen an der Stelle, wo das rhythmische Motiv vorkam, immer „cha cha cha", und so erhielt dieser Tanz seinen Namen.

10

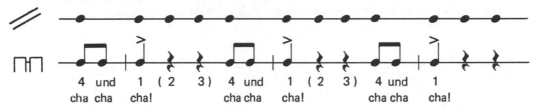

```
4  und   1  ( 2   3 )   4  und   1  ( 2   3 )   4  und   1
cha cha  cha!            cha cha  cha!           cha cha  cha!
```

Stabspiele

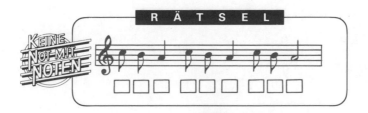

Spielmöglichkeiten:
– C-Dur auf- und abwärts,
– eine Gruppe aufwärts, die andere zugleich abwärts,
– während des Kletterns mit dem Cha Cha Cha-Motiv spielen andere Stabspiele auf 2 und 3:

WIR LERNEN
● Begleitformen
● Notennamen erkennen

Begleitformen

In der Liedmelodie verstecken sich die rhythmischen Cha Cha Cha-Motive. Wir wollen sie mit Stabspielen hervorlocken, indem wir an diesen Stellen mitspielen:

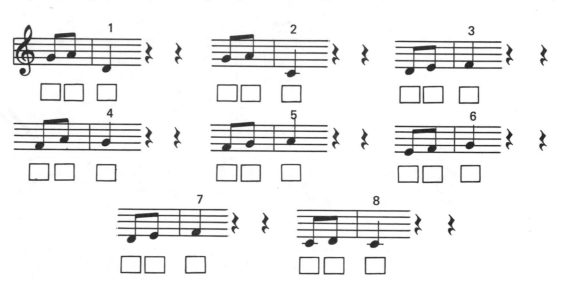

Ab Takt 5 spielen wir mit Metallophonen:

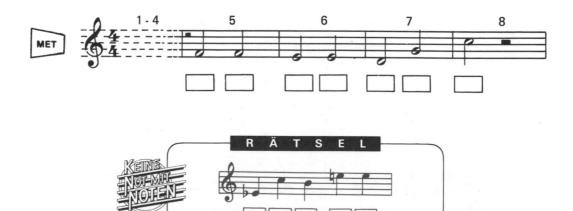

R Ä T S E L

Schlagzeug:

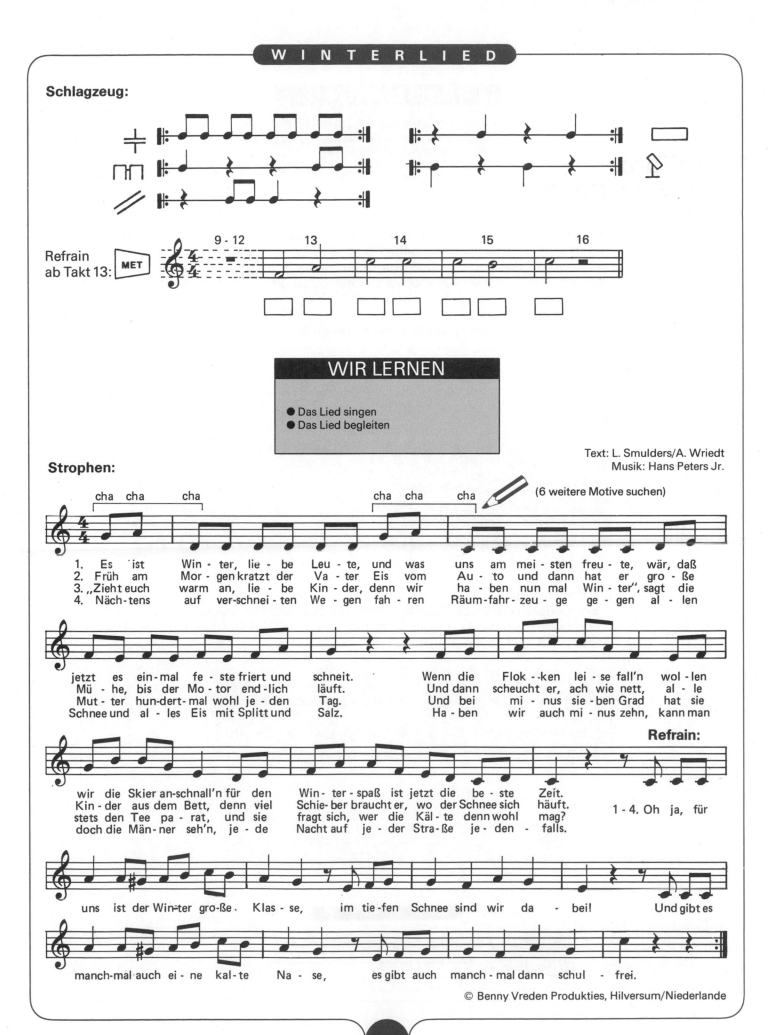

Refrain ab Takt 13: MET

WIR LERNEN

● Das Lied singen
● Das Lied begleiten

Text: L. Smulders/A. Wriedt
Musik: Hans Peters Jr.

Strophen:

cha cha cha   cha cha cha   (6 weitere Motive suchen)

1. Es ist Win - ter, lie - be Leu - te, und was uns am mei - sten freu - te, wär, daß
2. Früh am Mor - gen kratzt der Va - ter Eis vom Au - to und dann hat er gro - ße
3. „Zieht euch warm an, lie - be Kin - der, denn wir ha - ben nun mal Win - ter", sagt die
4. Näch - tens auf ver - schnei - ten We - gen fah - ren Räum - fahr - zeu - ge ge - gen al - len

jetzt es ein - mal fe - ste friert und schneit.   Wenn die Flok - ken lei - se fall'n wol - len
Mü - he, bis der Mo - tor end - lich läuft.   Und dann scheucht er, ach wie nett, al - le
Mut - ter hun - dert - mal wohl je - den Tag.   Und bei mi - nus sie - ben Grad hat sie
Schnee und al - les Eis mit Splitt und Salz.   Ha - ben wir auch mi - nus zehn, kann man

Refrain:

wir die Skier an - schnall'n für den Win - ter - spaß ist jetzt die be - ste Zeit.
Kin - der aus dem Bett, denn viel Schie - ber braucht er, wo der Schnee sich häuft.   1 - 4. Oh ja, für
stets den Tee pa - rat, und sie fragt sich, wer die Käl - te denn wohl mag?
doch die Män - ner seh'n, je - de Nacht auf je - der Stra - ße je - den - falls.

uns ist der Win - ter gro - ße. Klas - se, im tie - fen Schnee sind wir da - bei!   Und gibt es

manch - mal auch ei - ne kal - te Na - se, es gibt auch manch - mal dann schul - frei.

Der Tanz „Cha Cha Cha"

Dieser Tanz ist in Kuba entstanden. Ein Mann namens Enrique Jorrin soll ihn aus dem Mambo, einem anderen lateinamerikanischen Tanz, entwickelt haben. Schon bald darauf, im Jahre 1956, wurde der Cha Cha Cha von einem deutschen Tanzlehrer nach Deutschland mitgebracht, wo er sich sehr schnell verbreitete. Er gehört ebenfalls zu den Standardtänzen.

links – rechts

Bewegungsformen:
– **Zuerst** hören wir uns in die Musik ein. Unsere Füße stehen nebeneinander in der Ausgangsstellung.

Im Zusammenhang mit dem Winterlied haben wir kalte Füße bekommen. Wir müssen sie warm stampfen: an Ort und Stelle hüpfen wir auf den Fußballen von einem Fuß auf den anderen!

Sprich: rechts – links – rechts
           (cha – cha – cha)
           (vier – und – eins)
         Bei 2, 3 klatschen wir in die Hände, damit auch die warm werden.

Zur Beachtung:
– Beim Hüpfen dürfen die Fußballen den Erdboden nicht verlassen.
– Der zweite Hüpfdurchgang heißt statt r – l – r dann l – r – l.
– Du kannst auch laut mitzählen:

sprich: vier und eins zwei drei vier und eins zwei drei

Fußbewegung: **1 2 3 4 5 6 7 8 9 10**

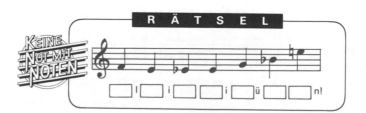

R Ä T S E L

☐ l ☐ i ☐ ☐ i ☐ ü ☐ ☐ n!

– Grundschritt seitwärts

Das erste „cha cha cha" wird ein wenig nach rechts vollzogen. Bei 2 und 3 setzen wir die Füße wieder in die Ausgangsstellung zurück. **Das zweite „cha cha cha"** wird ein wenig nach links vollzogen. In der Zeichnung sieht es so aus:

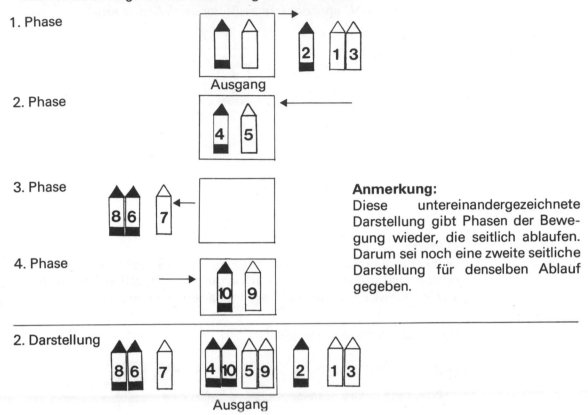

1. Phase

Ausgang

2. Phase

Anmerkung:
Diese untereinandergezeichnete Darstellung gibt Phasen der Bewegung wieder, die seitlich ablaufen. Darum sei noch eine zweite seitliche Darstellung für denselben Ablauf gegeben.

3. Phase

4. Phase

2. Darstellung

Ausgang

– Grundschritt mit Vorstell- und Rückstellschritt

Diese neuen Schritte werden auf den Zählzeiten 2 und 3 ausgeführt, und sie finden in den eben beschriebenen Phasen 2 und 4 statt.

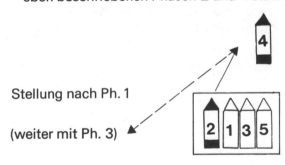

Stellung nach Ph. 1

(weiter mit Ph. 3)

2. Phase

Der linke Fuß kehrt nicht in die Ausgangsstellung zurück, sondern wird raumgreifend schräg nach vorne vor den rechten Fuß gesetzt. Dabei wird das Körpergewicht für einen Moment auf den linken Fuß und dann sofort wieder auf den rechten Fuß zurückverlagert. Diese Bewegung hat etwas Wiegendes und heißt darum „Wiegeschritt".

Stellung nach Ph. 3

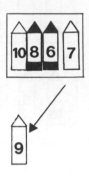

4. Phase

Hier kehrt der rechte Fuß nicht in die Ausgangslage zurück, sondern er wird raumgreifend schräg nach links hinter den linken Fuß gesetzt. Er trägt das Gewicht nur kurz, danach wieder der linke Fuß. Der rechte Fuß beginnt dann von vorne (Phase 1).

Der gesamte Bewegungsablauf:

Diese Bewegungsfolge ist der wichtigste Grundschritt des Tanzes. Auf dieser Grundlage kannst du später in einem Tanzkursus alle anderen Schritte erlernen.

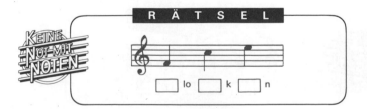

Der Punkt hinter einer Note

Stabspiele F-Dur

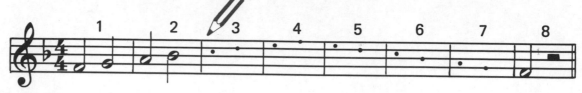

Aus der 2. Halben Note machen wir 2 Viertelnoten

Der Punkt hinter einer Note...?

Wenn eine Note punktiert ist:

_____

_____

_____

_____

Schreibe hier das Ergebnis deiner Überlegung auf!

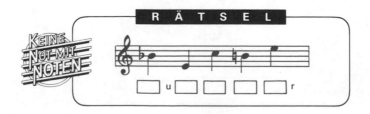

RÄTSEL

Auch andere Noten können punktiert sein:

WIR LERNEN
● Intervalle (Tonabstände) hören
● Lateinische Namen der Intervalle

Tonabstände = Intervalle

Du weißt bereits, daß Tonleitern mehrere Stufen haben. Diese Stufen haben wir mit lateinischen Ziffern versehen. Nun gibt es auch besondere lateinische Namen für die Abstände (man sagt Intervalle) der Stufen voneinander. Wir wollen sie in einem Spiel kennenlernen.

Es ist nicht leicht, Intervalle nur durch Hören zu unterscheiden.

Stufen:

I   II   III   IV   V   VI   VII   VIII (=I)

Prime

RÄTSEL

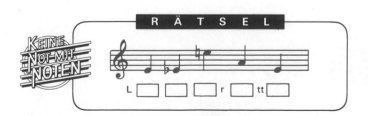

L ☐ ☐ ☐ r ☐ tt ☐

Metallophone   Xylophone und Sänger

Sekunde

Die-ser Ab-stand ist be-kannt. Je - der weiß, wie er ge -nannt:

Terz

Die-ser Ab-stand ist be-kannt. Je -der weiß, wie er ge -nannt:

Quarte

Die-ser Ab-stand ist be-kannt. Je - der weiß, wie er ge -nannt:

Quinte

Die-ser Ab-stand ist be-kannt. Je - der weiß, wie er ge -nannt:

Sexte

Die-ser Ab-stand ist be-kannt. Je - der weiß, wie er ge -nannt:

Septime

Die-ser Ab -stand ist be-kannt. Je - der weiß, wie er ge -nannt:

Oktave

Die-ser Ab -stand ist bekannt, und je -derweiß, wie er ge -nannt:

WIR LERNEN

- Dreiklänge
- Noten schreiben

Dreiklänge

F-Dur

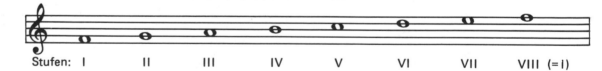

Stufen: I   II   III   IV   V   VI   VII   VIII (= I)

Von Dreiklängen spricht man, wenn aus einer Tonleiter 3 Töne (z. B. im Terzabstand von Stufe I ausgehend) zugleich erklingen. Auf jeder Stufe einer Tonleiter kannst du einen Dreiklang bilden.

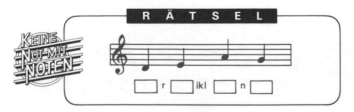

RÄTSEL

☐ r ☐ ikl ☐ n ☐

z. B.

Laß den Dreiklang mit Metallophon- und Xylophonklängen im Wechsel erklingen!

Ein Spiel mit Dreiklängen in C-Dur

13

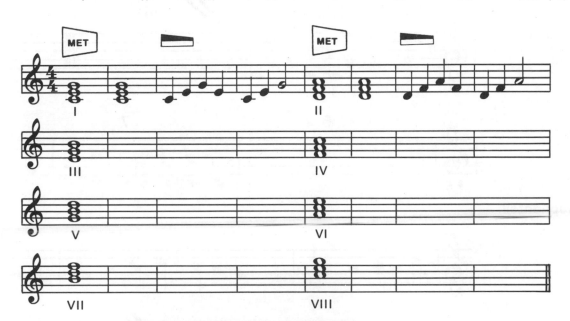

WIR LERNEN
- Begleitformen
- Noten schreiben

Boogie Woogie, Begleitung

„Boogie-Woogie" heißt eine Musikart, die Jazzmusiker in den USA erfunden haben. Sie wurde häufig auf dem Klavier gespielt. In diesem Musikstil ist das Lied „Der Bücher-Boogie" komponiert.

Der punktierte Achtelrhythmus ist ein Kennzeichen des Boogie. Er ist auch in unserem Lied zu finden.

Singe auf einem Ton:

Boo - gie Woo - gie spie - len wir, Boo - gie Woo - gie im - mer-zu.
Boo - gie Woo - gie spie - len wir, im - mer - zu.

43

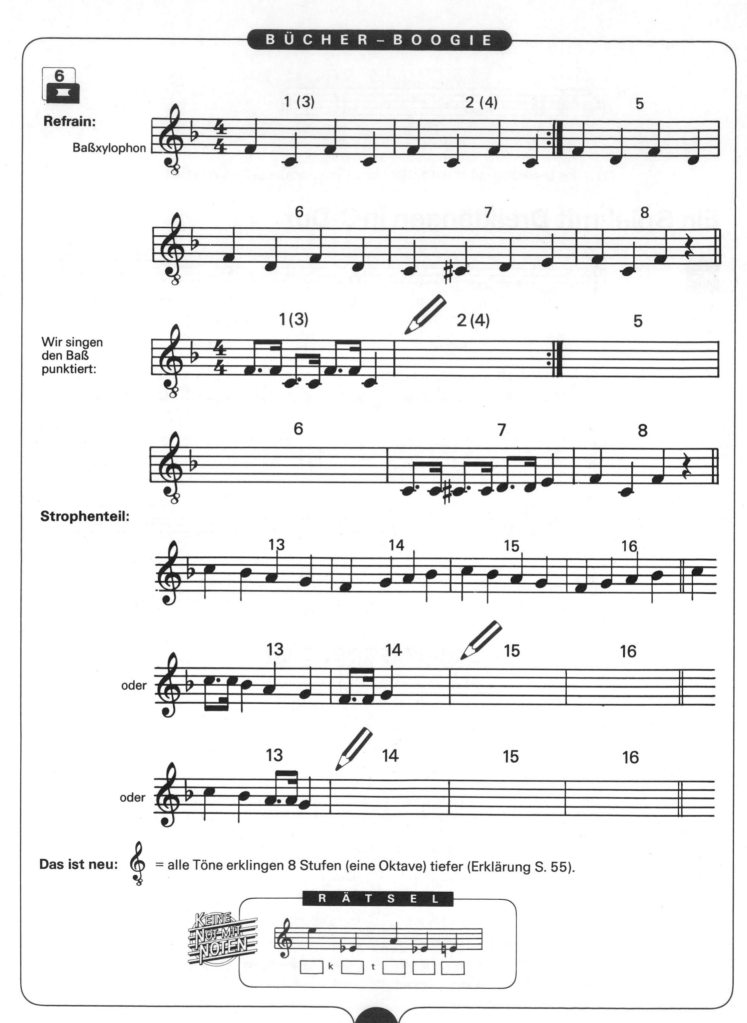

Das ist neu: 🎼 = alle Töne erklingen 8 Stufen (eine Oktave) tiefer (Erklärung S. 55).

RÄTSEL

Blue Note

Dreiklangstöne aus F-Dur, Stufe I, eignen sich auch zur Begleitung:

In den Takten 5 und 6 ist die Terz im Dreiklang, das „a", erniedrigt durch ein♭ und ist so zu einem „as" geworden. Eine solche Note nennt man „Blue Note". Solche Blue Notes kamen häufig in der Musik der Negersklaven in den USA vor. Sie geben ihr einen etwas traurigen, melancholisch-weichen Charakter.

Wir wollen versuchen, in die Dreiklangsmelodie den punktierten Rhythmus hineinzunehmen:

Etwas schwieriger wird die Begleitung, wenn wir uns an das Lied anlehnen. Hier spielen wir am besten in zwei Gruppen:

Die Begleitformen, die für den Bücher-Boogie vorgeschlagen wurden, lassen sich kombinieren.

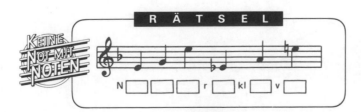

N ☐☐☐☐ r ☐ kl ☐ v ☐

WIR LERNEN

● Das Lied singen
● Das Lied begleiten

Text: T. Coppens/A. Wriedt
Musik: Hans Peters Jr.

Refrain:

1.-4. Beim Bü - cher - Boo - gie, beim Bü - cher - Boo - gie, beim Bü - cher -

Boo - gie macht man gleich loo - ki loo - ki. Denn was ge - sche - hen und was ge -

- we - sen, kann ei - ne Le - se - rat - te dann al - les le - sen.

4. x Fine

Strophen:

1. Ja, und uns - re Le - se - rat - te, die mit vier schon Bü - cher
2. Bü - cher vol - ler A - ben - teu - er, Bü - cher ü - ber Un - ge -
3. Ü - ber Vö - gel, Fisch' und Mol - che, Le - se - rat - te hat auch

hat - te, die hat heu - te un - ge - flun - kert ganz be - stimmt schon fast fünf - hun - dert,
heu - er, und auch En - zy - klo - pä - di - en hab ich mir schon aus - ge - lie - hen,
sol - che. Sprü - che, Ver - se und Ge - schich - ten, die die gro - ßen Dich - ter dich - ten,

dik - ke Bü - cher, dün - ne Bü - cher, Bü - cher, Bü - cher, Bü - cher, Bü - cher. .2 -4. Beim Bü - cher
dik - ke Bü - cher, dün - ne Bü - cher, Bü - cher, Bü - cher, Bü - cher, Bü - cher.
dik - ke Bü - cher, dün - ne Bü - cher, Bü - cher, Bü - cher, Bü - cher, Bü - cher.

D.S.

© Benny Vreden Produkties, Hilversum/Niederlande

Das ist neu: *D.S. = Dal Segno = von 𝄋 an wiederholen*

RÄTSEL

Der Jive

Viele Namen gibt es für diesen Tanz und viele Tanzformen, die dem Jive (sprich: djeif) ähnlich sind: Swing Boogie, Boogie Woogie, Bebop, Jitterbug, Rock'n' Roll. Der Jive ist aus der Jazzmusik entstanden und hat sich in den dreißiger Jahren unter dem Einfluß des Swing weiterentwickelt. Am Ende des Zweiten Weltkrieges wurde er in wilden Figuren in den Negervierteln der amerikanischen Großstädte getanzt. In Europa stand man diesem Tanz zuerst sehr zurückhaltend gegenüber, dann aber veränderte man ihn und nahm ihn auch bei uns auf. Eine Weiterentwicklung ist der heutige Rock'n' Roll-Tanz, der in den siebziger Jahren wieder aufblühte.

Der Jive kann sehr frei getanzt werden. Wir lernen hier drei Grundschritte: den Single-, den Double- und den Triple-Schritt.

1. Der Triple-Schritt (er enthält die anderen beiden Grundschritte)

Sprich:

Rhythmusbild:

Dieser Figur mit 6/4 steht eine sehr schnelle Musik im 4/4-Takt gegenüber:

 usw.

Bewegungsbild 1
(rück – vor)

Ausgang

(1) = l. Fuß schräg hinter den r. Fuß stellen, Gewicht auf den l. Fuß!
(2) = dem r. Fuß das Gewicht zurückgeben

Bewegungsbild 2
(3 und 4)

Ausgang

(3) = l. Fuß seitwärts links stellen
(und 4) = etwas ruckartig einen schnellen Wechselschritt mit den Füßen vornehmen

Bewegungsbild 3

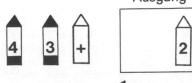

dasselbe wie 3 und 4, nur rechts seitwärts 5 und 6; dann von vorn

RÄTSEL

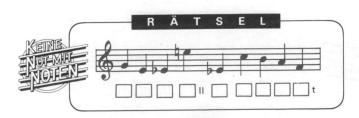

2. Der Single-Schritt

Wenn der Tanz gar zu schnell wird, kann man ihn im Single-Schritt etwas ruhiger angehen lassen.

An dem „rück – vor" ändert sich nichts. Anders wird die schnelle Stelle bei

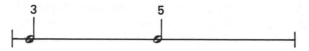

daraus wird: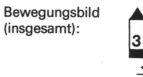

Bewegungsbild (insgesamt):

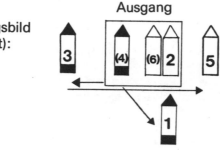

Rhythmusbild: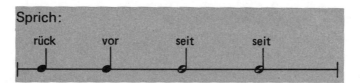

Der Fuß bei den Zeiten 4 und 6 schwebt solange frei ohne Bodenberührung.

3. Der Double-Schritt

Die einzige Änderung ist hier, daß der schwebende Fuß bei 4 und 6 einen kleinen Berührungsversuch mit den Zehenspitzen auf dem Boden wagt.

Das gesprochene Wort heißt dabei „tap".

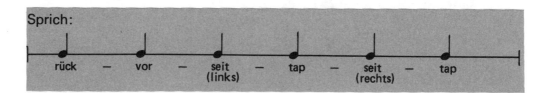

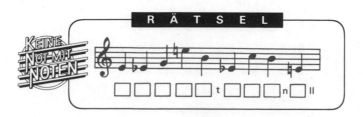

Dreiklänge

Das Lied „Die Bingo-Band" läßt sich sehr gut mit Dreiklängen begleiten. Darum müssen wir aus diesem Bereich noch etwas mehr hinzulernen.

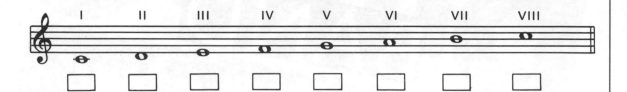

Mit den Dreiklängen der Stufe I, der Stufe IV und der Stufe V wollen wir uns etwas näher beschäftigen. Da wir mit zwei Schlägeln auf den Stabspielen nicht drei Töne anschlagen können, teilen wir die Dreiklänge in die untere und die obere Terz auf und spielen sie nacheinander.

 14

Die Reihenfolge der Dreiklänge I – IV – V – I nennt man auch **„Kadenz"**.
Eine andere Reihenfolge von Dreiklängen der Stufen I – IV – V lernen wir jetzt kennen:
Das **„Bluesschema"**. Es besteht aus 12 Takten:

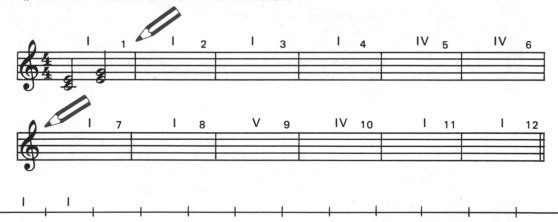

Taktleiste

„Bluesmusik" ist ursprünglich die Musik der amerikanischen Negersklaven gewesen, die bei ihrer Arbeit auf den Baumwollfeldern gerne sangen. Die Weißen haben diese Musik aufgegriffen und mit ihrer eigenen vermischt. So haben sich vielfältige Bluesformen entwickelt, auch das Bluesschema.

Begleitformen

Das Lied „Die Bingo-Band" kann man mit einer bestimmten Dreiklangsfolge begleiten. Dieses Schema lehnt sich an das Bluesschema an.

Taktleiste

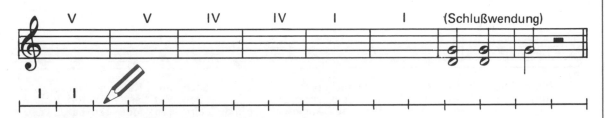

Kurzform zum Merken:

$c^{4x}, f^{2x}, c^{2x}, g^{2x}, f^{2x}, c^{2x}$ und Schlußwendung (1. - 3. Str.)

Schlußwendung bei der 4. Strophe:

Schlußwendung beim Baß in der 4. Strophe:

Findest du heraus, worin sich dieses Schema von dem Bluesschema unterscheidet?

Zum Lied kannst du auch eine Baßmelodie spielen. Der Baß spielt vorwiegend die Töne der Dreiklänge, aber auch noch andere. An einer Stelle findest du eine Blue Note bei der Septime eines Dreiklanges. Suche! Man nennt eine solche Melodie, wie du sie hier hörst, auch einen „Walking Bass".

WIR LERNEN

- Das Lied singen
- Das Lied begleiten
- Zum Lied tanzen (Jive)

Text: M. de Visser/A. Wriedt/A. v. d. Heijden
Musik: Hans Peters Jr.

1. Die Me - lo - die der Bin - go - Band, die hörst du ü - ber-all, du
2. Bin - go - Band, ja das sind wir, ja, das ist un - ser Team, denn
3. Bin - go - Band ist selbst ge - macht, na, Jungs, wer glaubt uns das? Zwei
4. Me - lo - die der Bin - go - Band er - reicht in kur - zer Zeit Platz

hörst sie auf dem Rum - mel - platz und auch im Kar - ne - val, du
uns' - re Klas - se ist die Band, ja da hört ein - mal hin, der
Trich - ter und ein Bla - se - kamm und ein Tee - do - sen - baß, ein
eins auf je - der Hit - pa - rad', ja bald ist es so weit! Zwei

pfeifst sie, wenn du fröh - lich bist, wenn der Tag fängt an. Die
Klaus, der Hans und Ben - ja - min, E - ve - lin und Britt, die
Wasch - brett und 'ne Ko - kos - nuß und das Re - gen - faß, so
Trich - ter und ein Bla - se - kamm, ein Tee - do - sen - baß, ein

Me - lo - die der Bin - go - Band, und weißt du, wie's be - gann?
spie - len in der Bin - go - Band aus uns' - rer Klas - se mit.
spie - len wir den Rock 'n' Roll, ja, ist das nicht ein Spaß?
Wasch - brett und 'ne Ko - kos - nuß, ja, Leut', wir schaf - fen das,

1. - 3.   4.

2. - 4. Die 4. ja, Leut', wir schaf - fen das!

RÄTSEL

KEINE NOT MIT NOTEN

Wir ☐☐☐☐☐☐☐ n ☐☐☐

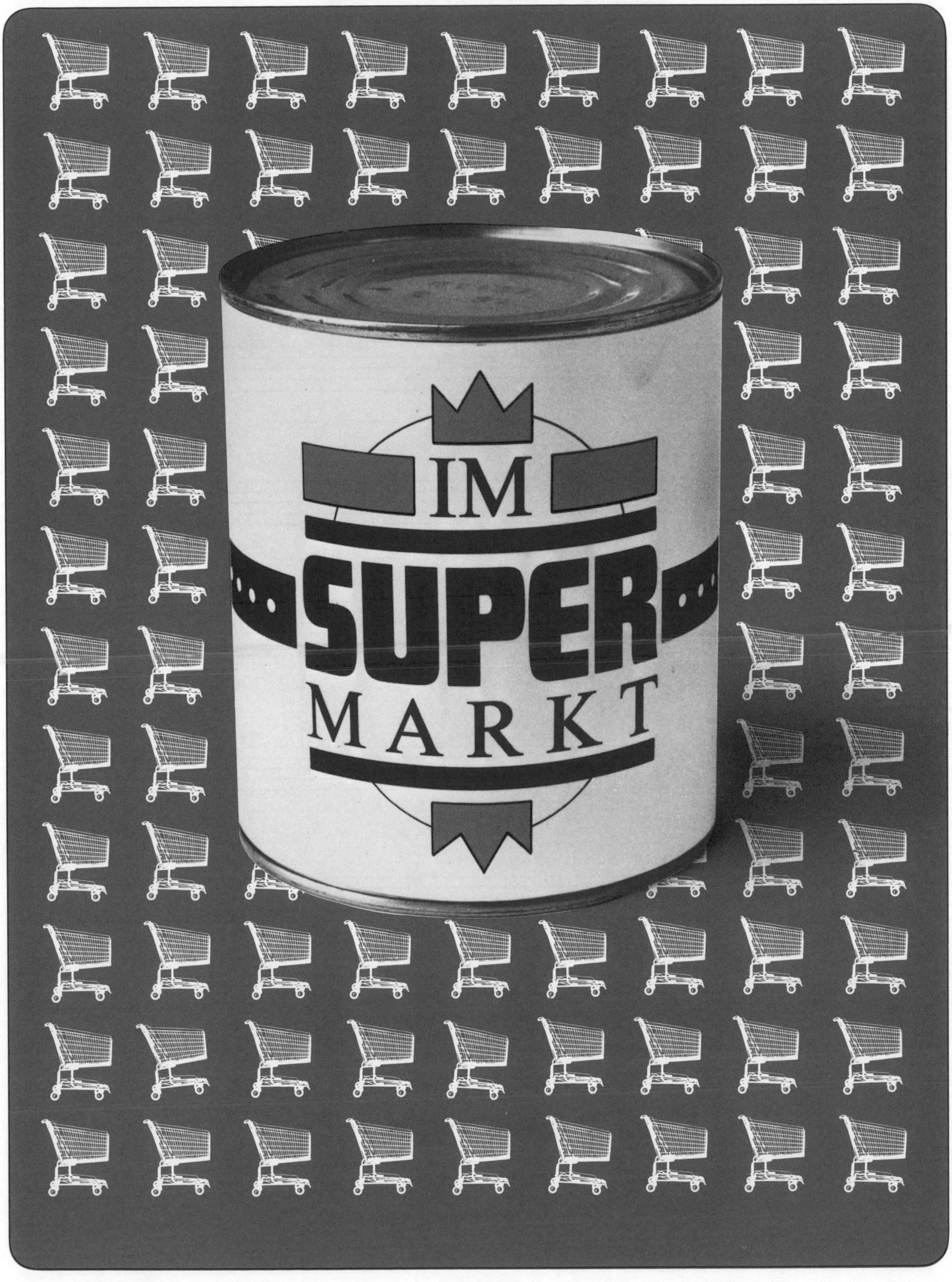
IM
SUPER
MARKT

WIR LERNEN

- Tonleitern mit ♭-Vorzeichen
- Transponieren der Dur-Tonleiter

Dur-Tonleitern mit ♭

Du hast schon neben dem Erhöhungszeichen ♯ das Erniedrigungszeichen ♭ kennengelernt. Mit Hilfe des Strukturkammes suchen wir Dur-Tonleitern aus, die erniedrigte Töne enthalten. Unter diesen befindet sich auch die Tonleiter, in der das Lied „Im Supermarkt" steht. Es hat insgesamt drei erniedrigte Töne!

Vergiß nicht, die Vorzeichen ♭ auch vorne neben dem Notenschlüssel einzutragen!

B-Dur

As-Dur

Ges-Dur

F-Dur

Es-Dur

Des-Dur

R Ä T S E L

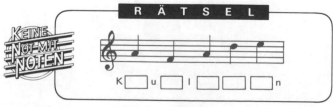

K ☐ u ☐ l ☐ ☐ ☐ n

54

WIR LERNEN

- Begleitform zum Lied
- F-Schlüssel
- Baßnotierung

Baßbegleitung

Die Töne des Liedes „Heute ist was los hier im Supermarkt" hat der Komponist vorwiegend aus dem Tonbereich der Es-Dur-Tonleiter genommen. Für die Begleitung sind darum die Dreiklänge der Stufen I, IV und V wichtig, das sind die Dreiklänge auf es, as, b. Dabei sind es, as und b die Grundtöne dieser Dreiklänge. Grundtöne lassen sich für eine Baßbegleitung immer gut gebrauchen.

Refrain:

Strophen:

Unter dem Violinschlüssel siehst du eine 8. Sie weist dich darauf hin, daß eigentlich die hier im G- oder Violinschlüssel aufgezeichneten Noten 8 Töne tiefer liegen. Die Baßmelodie läßt sich aber auch in ihrem eigenen Baßschlüssel aufschreiben. Der zeigt uns, wo das f liegt und heißt darum auch F-Schlüssel.

Spiel einmal auf einem Sopran-Baßxylophon oder auf dem Klavier diese lange Tonreihe über zwei Oktaven in C-Dur.

RÄTSEL

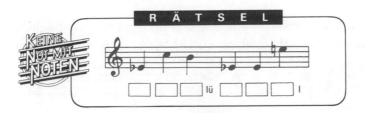

Unsere Baßbegleitstimme würde, im Baßschlüssel notiert, so aussehen:

Refrain:

Strophen:

WIR LERNEN

● Begleitformen
● Rumbarhythmus

Begleitung

Eine Begleitstimme für höhere Instrumente:

Refrain:

Heu - te hier im   Su - per -markt,   Mann, wie ist das___ schön!   ist das___ schön, wie ist das   schön!

Du lernst die Begleitstimme schneller, wenn du einen Text dazu singst.

Mit einem Schlagzeug kannst du sehr gut den Rumbarhythmus zum Lied spielen. Wir wollen diesen bekannten lateinamerikanischen Rhythmus übend kennenlernen:

patschen (Oberschenkel)

doppeltes Tempo

anders betonen

übersichtlich geschrieben

für Bongos oder
Claves zur Liedbegleitung

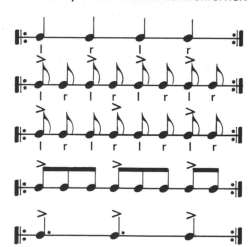

Höre selbst aus der Musik heraus, wie du mit dem Drumset begleiten könntest.
Versuche auch, die Baßbegleitung durchgehend im Rumbarhythmus zu spielen.

usw.

WIR LERNEN

- Das Lied singen
- Mit Instrumenten begleiten

Text: T. Coppens/A. Wriedt/A v. d. Heijden
Musik: Paul Natte

Refrain:

Heu-te ist was los hier im Su - per - markt, Mann,der hei - ße La - den,der ist schön!___

Heu-te ist was los hier im Su - per - markt, ganz ver - rück - te Sa - chen gibt's zu seh'n!___

*)

3.x Fine

Strophen:

1. Da sind Ho - sen mit hun - dert Nie - ten und su - per - gro - ße Schlüm-pfe der Hit.___
2. Gro - ße Po - ster und gold - ne Ster - ne und T - Shirts mit 'nem Bild mit - ten - drauf.___

___ Die Mu - sik dröhnt dir in die Oh - ren, wenn man die - sen La - den be - tritt.___
___ Je - der mag die Mu - sik so ger - ne, und wir hör'n mit Tan - zen nicht auf!___

___ Dol - ler Trick — mit Mu - sik!
___ Dol - ler Trick — mit Mu - sik!

D.C.

*)Nach Strophe 2 wird der Refrain noch zweimal gesungen, dann bildet die Wiederholung von Takt 7 und 8 den Schluß.

RÄTSEL

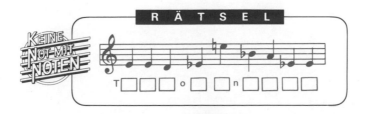

T ☐☐☐ o ☐ ☐ n ☐☐☐☐

Samba

Der oder die Samba ist ein typisch lateinamerikanischer Tanz. Der Karneval in Rio kommt ohne ihn nicht aus. Im Jahre 1948 kam er nach Europa, wo er zuerst Anstoß erregte. Der ganze Körper muß beim Tanz mitschwingen. Die Füße werden nicht mit den Fersen aufgesetzt, man tanzt leichtfüßig auf den Ballen.
Wir versuchen einige Schritte zu tanzen.

1. Das Vor- und Zurückschwingen

Das Schwingen vollzieht sich in 2 Phasen während eines Taktes:

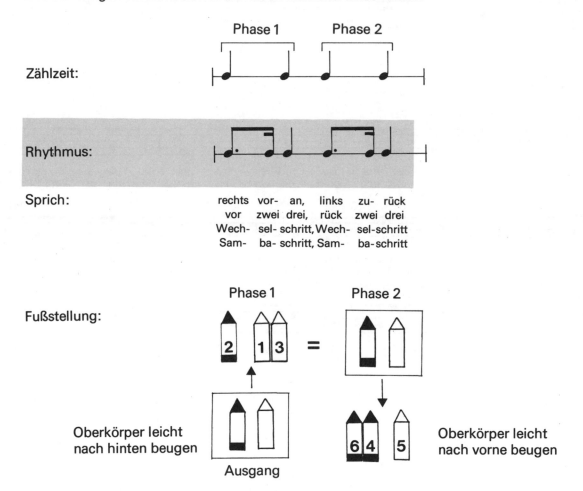

Zählzeit:

Rhythmus:

Sprich:

rechts	vor-	an,	links	zu-	rück
vor	zwei	drei,	rück	zwei	drei
Wech-	sel-	schritt,	Wech-	sel-	schritt
Sam-	ba-	schritt,	Sam-	ba-	schritt

Fußstellung:

Oberkörper leicht nach hinten beugen

Ausgang

Oberkörper leicht nach vorne beugen

Beim Wechselschritt stets auf den Fußballen federnd hüpfen, ohne den Bodenkontakt aufzugeben.

2. Wischer

Auch hier laufen 2 Bewegungsphasen in einem Takt ab. Der rechte Fuß beginnt die Bewegung mit einem leichten Schritt zur Seite. Der linke Fuß wird flüchtig dahintergestellt und trägt damit vorübergehend das Körpergewicht.

Phase 1

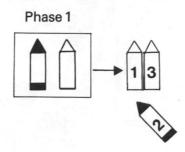

Phase 2:

Der linke Fuß wird aus der Rückwärtsstellung heraus links seitlich und der rechte Fuß dahinter gestellt. Das Gewicht wird dabei vorübergehend auf den rechten dahintergestellten Fuß verlagert und sogleich wieder zurückgenommen.

Bewegungsbild (insgesamt):

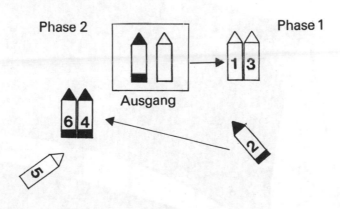

RÄTSEL

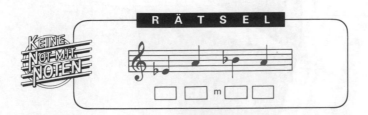

Tonleiterstrukturen

Bisher haben wir nur eine Tonleiterstruktur kennengelernt, nämlich die Dur-Struktur.

Tonleitern können aber in ihrem Aufbau noch anders aussehen: die Ganz- oder Halbtonschritte sind anders angeordnet. Um sie kennenzulernen, müßtest du dir neue Strukturkämme basteln. Aus der folgenden Abbildung kannst du sie herausfinden:

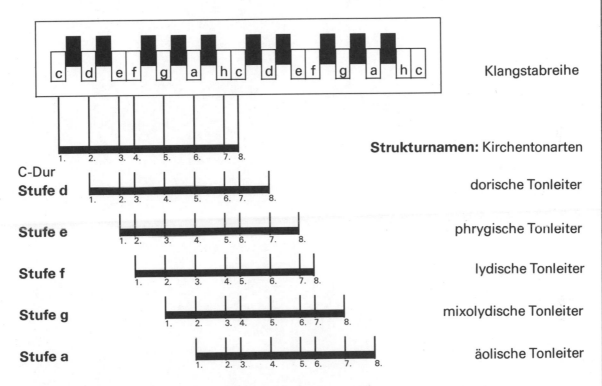

Klangstabreihe

Strukturnamen: Kirchentonarten

C-Dur

Stufe d — dorische Tonleiter

Stufe e — phrygische Tonleiter

Stufe f — lydische Tonleiter

Stufe g — mixolydische Tonleiter

Stufe a — äolische Tonleiter

Du kannst dir auch noch andere Strukturkämme herstellen:

– Fünfton-Tonleiter oder pentatonische Tonleiter

Was fällt dir auf, wenn du beim Ton fis ansetzt?

– lauter Ganztonschritte (Ganzton-Tonleiter)

1.   2.   3.   4.   5.   6.   7.

– Mit einem Strukturkamm aus lauter Halbtonschritten
   erhältst du die Zwölfton-Tonleiter (die chromatische Tonleiter).
   Erinnere dich dabei an das Klangspiel von Seite 15!

Alle diese Tonleitern kannst du verschieben (= transponieren).
Du siehst, das ergibt eine große Menge von Tonleitern,
aus denen die Komponisten die Töne für ihre Musik
entnehmen können.

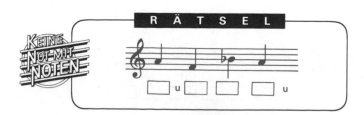

Erklärung der verwendeten Symbole

Schlagzeug:

⌂ = Bass drum (Große Trommel)

⊤ = Becken (Cymbals)

⌗ = Hi-hat (Beckenmaschine)

⊓⊓ = Bongo

⫽ = Claves

▥ = Glockenspiel (Bells)

▭ = Kleine Trommel (Snare drum)

MET = Metallophon

▽ = Pauken

⊓ = Rahmentrommel (Handtrommel)

⊓+ = Schellentrommel

○ = Tam-Tam

□ = Tom-Tom

△ = Triangel

▬ = Xylophon

▨ = Instrumentale Begleitstücke

■ = Instrumentale Übungsstücke

Verzeichnis der Tanzlieder auf der zugehörigen MusiCassette

A-Seite:

1. **SPUK**

   Text: B. Bos / A. Wriedt, Musik: Joop Stokkermans
   Chor: Eine Gruppe des Mindener Kinderchores, Leitung: Erich Watermann

2. **DAS ROTE RENNRAD**

   Text: J. de Beer / A. Wriedt, Musik: J. de Beer
   Chor: Detmolder Schloß-Spatzen, Leitung: Walther Schliederer

3. **WENN ES HERBST IST**

   Text: L. Smulders / A. Wriedt, Musik: L. v. Tuyl sr.
   Chor: Detmolder Schloß-Spatzen, Leitung: Walther Schliederer

4. **UNSRE BAND**

   Text: F. Tiland / A. Wriedt, Musik: Frans Tiland
   Chor: Detmolder Schloß-Spatzen, Leitung: Walther Schliederer

B-Seite:

5. **WINTERLIED**

   Text: L. Smulders / A. Wriedt, Musik: Hans Peters jr.
   Chor: Detmolder Schloß-Spatzen, Leitung: Walther Schliederer

6. **BÜCHER-BOOGIE**

   Text: T. Coppens / A. Wriedt, Musik: Hans Peters jr.
   Chor: Eine Gruppe des Mindener Kinderchores, Leitung: Erich Watermann

7. **BINGO-BAND**

   Text: M. de Visser / A. Wriedt / A. v. d. Heijden, Musik: Hans Peters jr.
   Chor: Die Weser-Spatzen, Leitung: Erich Watermann

8. **IM SUPERMARKT**

   Text: T. Coppens / A. Wriedt / A. v. d. Heijden, Musik: Paul Natte
   Chor: Detmolder Schloß-Spatzen, Leitung: Walther Schliederer